바로 이 순간에서 영원까지

라 영 훈 제4시집

도서출판 청옥문학사

시인의 말

스산한 가을바람이 옷깃을 여미는 요즈음
고운 맵시 빚어낸 단풍잎 손에 쥐고 바라보며

이 인생을 사는 의미는 무엇인가 우리 생명의 본래 모습은 무엇인가. 우리는 어디에서 와서 어디로 가야 하는가.

아무리 물질적으로 풍요롭게 생활해도 아무리 즐겁게 살아도 이 근원의 물음을 외면한다면 미래를 향한 희망의 꿈도 진실한 행복도 얻을 수 없다.

내 삶에 고락을 함께할 시가 없었다면 아마 황량하고 고뇌찬 이 세상을 지탱하고 살았을까. 사뭇 내 자신에게 되물어 본다.

그동안 가슴에 묻어두었던 시를 끄집어내어 세상 밖으로 제4집 「바로 이 순간에서 영원까지」를 집필하여 내놓을까 한다. 독자에게 이 시가 조금이나마 삶의 보탬을 줄 수 있다면 그것으로 만족을 느낀다.

내 주위에 나를 아껴주는 이와 사랑하는 우리 가족과 해설을 맡아주신 부산문협 명예회장이시자 문학평론가이신 정영자 회장님과 노심초사 협조해 주신 청옥문학예술인협회 회장 이하 여러분에게 이 자리를 빌어 진심어린 감사의 말씀을 올린다.

2014년 11월 마안산 기슭 아래서

지은이 드림

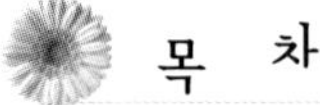

목 차

제 1 부 봄

제 2 부 여름

제 3 부 가을

제 4 부 겨울

제 1 부

봄

봄 길을 걸으며

초롱초롱 눈망울 적신 내 임과
예쁜 꽃무늬 수놓은
스카프 휘날리며
봄 길을 걸어가자

걷다가 지치면
발아래 스멀거리는 푸르름에
눈인사하고 가쁜 숨 내쉬며
고운 햇살 반기며 걷자

흔한 눈물마저 메마른 가지 끝에
새순 돋은 꽃망울도 서러운가
지지배배 종달새 울음소리에
고개 한 번 끄덕여 주고

초록 살내음 태우는 들길에
푸르름이 수줍은 새악시마냥
꽃피는 들길에 그대 고운 손잡고
도란도란 속삭이며 걷자.

봄비 속 연가

샛별 머금은 잎새 사이로
감미로운 음율 타고
검은 구름 끌어올린 뽀얀 안개 사이로
눈물 같은 비 하염없이
창가에 다소곳이 내려와

덕지덕지 붙은 가슴앓이 조각난 상념
바람결에 어리는 그대의 향기
뚝뚝 내 뺨 사이로 흘러내린
눈물 같은 빗방울 속에 밀려오는 고독감

선홍빛 그리움 덧칠에
울먹이는 숨결은
허한 빈 웃음으로 껄껄대며
속내를 감추어

고운 내 임 눈물 같은 봄비
아지랑이 맨 끝에
조롱조롱 매달린 시름 씻겨져
아스라한 사랑의 봄 향기여.

봄비 거닐며

살포시 여미는 향긋한 봄 내음
메마른 대지 위로 촉촉이 내리는
봄비 맞으며 거닐고 있노라면
잊혀진 지난 흔적들
저려오는 가슴 아픈 사연 새겨

철 지나 불어오는 산발한 칼바람
내몰린 낭떠러지 끝 나의 꿈 펼쳐 보려고
뼛속까지 파고드는 황량한 칼바람
너무 허무해 그리움이 쌓인 공원에
나도 모르게 발걸음하고
봄비에 흠뻑 젖고 달려오네

언제나 그 자리
나를 지탱해주다가
한 줄기 빛 밝아오는 세상
밤새워 네가 핥아준 상처에
돋아난 새살
부슬 부슬 내리는 봄비 속을
그렇게 거닐고 있네.

봄비 내리는 거리

메마른 가슴 적시는 봄비 따라
살며시 다가오는 발자국 소리
스쳐 지나간 기억 주마등처럼 되새겨
움트는 새싹 푸른 기지개 켜고

기다리는 마음에 온다는 기별 없이
맑디맑은 수정 같은 봄비 맞으며
기쁜 마음으로 달음질쳐
우산 들고 마중 가련다

떠나는 겨울 끝자락 부여잡고
시샘하듯 꽃바람 안고
그리움은 눈가에 맺힌 이슬로
파릇파릇 향기에 취하고

볼우물에 맺힌 물로 물감 타서
수채화로 그려가는 고운 손길
하얀 백지 위에 눈물로 번져가는
봄비 내리는 거리

소리 없이 찾아오는 빗방울은
발이 없어 족쇄를 채울 수 없고
선명하게 두드려지는 봄비 향연
대지 위로 살포시 안겨온다.

바로 이 순간에서 영원까지

다소곳이 내민 손
머물지 못한 너의 기쁨 속에
순간 내 어지러운 숲길
반가움에 덥석 안긴다

휘리릭 스쳐간 섬광처럼
가슴 훑고 지나가는
경이스럽고 혼미한 충격
미묘한 너의 흔적 남긴다

언제나 그랬듯이
껄껄 웃는 얼굴 담긴
잊을 수 없는 그 이름
환한 미소 활짝 열어라

밤이 되면 어슬렁
작은 베개 들고 다가와
흥겹게 바람 일으켜
바로 이 순간 영원까지

등 휠 것 같은 내 삶의 습지에
푸른 숲 옷 입고 이웃 되어주는
희망의 끈 열정으로 피운다
매 순간 내 눈길 보며.

봄은 아직 이른가

파르르 떨고 있는 새순 돋은 가지 끝
매서운 찬바람에 눈물 지우네
푸른 구름 유유한 저 하늘 끝자락
이 봄 계절은 방향 감각을 잃고
제자리 찾지 못하고 허우적거리다

봄을 위해 눈뜨던 꽃잎들이
풀가동 되는 순간에 아집으로
똘똘 뭉친 봄의 꿈들이
가파른 상곡선 그으며 무너진 희열

왜 이럴까
봄의 향연에 겨울은 가시지 않은 목마름에
굶주림의 허기로 사무치나
가슴 아린 상처들이 새로 돋는 잎새에
살며시 잔해 비우고

푸르고 싱싱함이 멈춰진 그늘
삶에도 세월 묵은 녹이 슬고
버릇처럼 치매 같은 한기 드는 오후
생명의 영지에 바람 쓸고 간 부위

다시금 일어선 나의 봄은
터져 나온 꽃부리 마다
꿈길 주단 깔아주며
오붓한 연분 실려 발걸음 가볍게
나가 보자구나.

2010. 3. 25
3월 하순 유난히 추운 춘설 어린 날씨를 보며….

봄은 오는가 보다

여울목 한켠 옹기종기 모여 기대며
겨우내 엄동설한 떨고 있는 매화는
뽀오얀 아기 젖살 같은 꽃 몽우리

아낙 분향보다 진한 매화 향기 뿜으며
벌 나비 불러 모으는 희망의 따스한 봄볕에
살금살금 기어오는 아지랑이 어렴풋이 내 볼 스치네

지난 해묵은 마음을 풀고
응어리진 가슴 녹여줄
봄이여 하느적거리며 오는구려

추위 속에서도 온갖 정성으로
고적한 넋이 뛰놀고 하늘을 날
싱그러운 봄은 이제나 오려나

세상 밖으로 구경 나올 화신 내동댕이치고
사랑하면 봄보다 먼저 온몸 달구어
서로 끌어안지 않고는 못 배기는 꽃술 얽히리니

출렁이는 생명의 출항 파도치는 봄 들판
증오도 애정처럼 쏟아 불
자연도 사람도 길할 봄 즐겨 오는가 보다.

봄 새악시

황량한 찬바람이 내 볼 스쳐 지난 자국
겨울의 끝자락 못내 아쉬운 듯
움켜잡고 있지만 싱그러운 내음 속에
봄의 여신은 슬며시 연지 솔뫼로 찾아든다

파릇한 물오름 사이
수줍은 듯 얼굴 내밀면
봄 새악시 매화 향기 유혹하는 몸짓
고운 꽃잎 연초록 카펫 깔아두고

지난겨울 잔솔가지 끝내 비우고
홀가분 추억 못난 눈물 바람 속에 감추고
홍조 띤 임의 얼굴 볼 살결 비비고
살포시 너의 체온 속에 안긴다.

비우고 떠나가네

되돌아볼 겨를 없이 살아오며
억척으로 모은 것들
넓은 가슴 진열장에 빼곡히 늘어놓고

밤이면 생각을 펼쳐
애지중지 매만졌다만
한 움큼 매달린 허황된 꿈

부질없는 그것들을
이제는 한 가닥 두 가닥 벗기고
바람결에 실어준다

그대 고운 숨결 안겨 춤추고
멈출 줄 모른 흐르는 물에
모든 것 아낌없이 던져도 본다.

사랑은

마주보는 눈빛으로 지울 길 없어
두 손 모아 기도하는 마음으로
하나가 됩니다
사랑은 말이 없고 그리운 별님
눈빛만 보면 알 수 있지요

사랑은 그림처럼 영상입니다
임 그림자를 찾아 헤매어도
맑은 영혼을 가진 사랑이
그대의 마음 속 그림자를
찾을 수 있기에
사랑은 그리움입니다
보이지 않고
볼 수도 없는 바람꽃처럼
사랑은 그리움입니다

사랑은 언제나 믿고
바라며 의지하며 기다리는
한 그루의 늘 푸른 소나무입니다
영원토록 오직 내 임만
생각하고 기다리며
은하수 바닷속 그대 고운 살결 씻고
임 오시는 길에 맞이할게요.

아카시아 꽃필 무렵

실바람 타고 산능선 사이로
아카시아 향기 짙은 오월 어느 날
말없이 아카시아 꽃목걸이
만들어 걸어주던 그 소녀

세월이 뒤범벅되어
까맣게 잊었던 그날
눈꽃송이처럼 새롭게
몽글몽글 피어납니다

사랑한다는 말 한마디 못하고
뜨거운 순간을 되돌릴 길 없어
순결한 그녀의 해맑은 눈동자
영영 잊을 수가 없군요

소쩍새 울고 간 아카시아 꽃
활짝 피는 날에는 보고픈 그리운 마음
갈수록 깊어만 가는데
메몰차게 등 돌리며 내 곁을 떠난 그 소녀를

학처럼 바라볼 수 없는
허전한 마음 견딜 수 없어
휘영청 달빛 타고 뜨락 하염없이 거닐면
추억 어린 아카시아 꽃필 무렵에.

오월 어느 하루

샛바람이 햇살을 달래는 깃발 속에
은빛 물비늘 뒤척이는 강물은
더 짙은 계절 꿈꾸며 흘러가고
문득 멈춰 고개 돌린 숲 언저리

마주친 눈길 서로 주워 담으며
사랑한다 단어는 언어의 율법 고쳐놓고
청춘을 다 쓰던 지난 노래 들춰보며
밤새워 목 놓아 실컷 울어볼까

도화선으로 박음질한 남색 치맛단이
불붙으며 큰절하는 해 질 녘
녹우綠雨 같은 이파리들 기립박수 받으며
볼우물 지으며 발그레 핀 사과 꽃

단내 나는 그대 향기 품어
진저리 치도록 끝 봄 피워 물고
어린 사슴 같은 눈망울 접어 둔 채
푸르름이 익어갈 오월 어느 하루.

이팝나무 그늘 아래 누워

눈부신 푸른 오월 하늘 아래
빼곡히 쌓인 눈꽃인 양
하얀 드레스 입고
춤사위로 환해지는 미소

푸른 잎새 마다 번지는 향기
눈을 감아도 떠오르는
오래된 묻어나온 깊어져간 사랑
왠지 잊을 수가 없다

추억의 족쇄를 푸는 햇살 속에
신의 고요 삼키고
이팝꽃 그늘 아래 누워
순결 고이 간직한 네가 그립다

뒤척이고 달음질쳐온 언덕길 따라
초원의 순한 양떼처럼
구름집 하나 갖고 싶다던 그대
어디서 지금 이 꽃을 보고 있을까

새초롬히 하얀 꽃 질 때까지
지금도 알 수 없는 미로
아무리 기다려도 내게
올 수 없는 그대가 그립다.

쪽방촌에 핀 꽃

너는 아는가
소외된 어르신들 고달픈 삶을
어루만져주고 자기 몸 희생하며
봉사하는 도심 속 희망 갖다 준 천사

실핏줄마저 얼어버린 빙판길 위
겨울 끝자락에 훈훈한 봄바람 불어
방긋 웃으며 눈속에 핀 복수초처럼
기세당당 노란 깃발 휘날린다

14년 동안 한결같이
허름하고 찌그러진 쪽방촌 드나들며
포근하게 감싸 안고
잉태하는 봄의 전령사인가 봐

햇살 드리운 먼 산골짜기
화사하게 피어난 봄꽃처럼
마음 비우고 나눔 배려해
함께 행복의 나래 펼쳐 나가세.

초대 받은 사랑

강여울 춤추는 숨결 내 품에 안고
새벽이슬 맺힌 잎새 사이로
연분홍 치맛자락 부여잡고
하늘로 둥실 떠있는 그리운 당신

가노니 말 못 하고 주저앉아서
소리 없이 살며시 스며든 사랑
인연의 끈 매달린 고운 손길 어루만지며
그대와 나 둘이 되어 속삭이네

가슴 하나 별빛 주워 담고
은빛 백사장 위로 발자국 남기고
가냘픈 사슴 눈망울처럼 두리번거리다
지난 세월 소리 없이 부르고 있는 연정

한 가닥 희망 노래 다독이는 소리
그리움을 채우는 기다림 속에
열정적으로 사랑을 일으켜주시는
당신을 내 가슴 머무는 곳으로 초대합니다.

푸른 4월 어느 봄날

은은히 들려오는 훈풍 타고 온 향기
내 품 살포시 파고들어
냉랭한 마음 보듬어 주니

겨우내 웅크리고 뒤돌아 누운 뿌리
몸 틀고 물관 넓혀
숨 가쁘게 여린 새싹 밀어 올리네

쭉 뻗은 잎 사이로
초록 깃발 매달린 노오란 꽃잎
가지 사이로 꽃비 함께 내리니

눈웃음 활짝 펴고 음률 맞춰
그 향기 내 볼을 간질이고
구름 성같이 피어오르는 그리움
훨훨 날아 그대 찾아 떠나렵니다

푸른 4월 어느 봄 날,
분홍빛 옥동치마 차려입고
소중한 설렘으로 다가온 임
예쁜 미소로 속삭여도 본다.

홍매화 바라보며

삭풍이 대지를 휘감아도
연분홍 꽃잎으로 씌운다
응달진 뒤뜰 잔설로
그림자 거느리고

겨우내 속삭였던 해묵은 애기
가지 끝에 걸어놓고
처녀 앙가슴 촉촉이 내려
살며시 머무는 임의 입김

나지막한 담장 한켠
뭉클 햇살 끌어안고
새봄 향한 그리움 담아
홍매화 바라보며
비켜가는 햇살 낚아낸다

종다리 지저귀는 콧노래에
화사하고 그윽한 향 꽃눈 열어
꽃망울 터뜨리는 소리
분홍빛 연정 새봄 부르구나.

제 2 부

여 름

다시 일어나 꿈 펼쳐라

밤하늘 별빛 머무는 하늘 아래
아픈 시련에 좌절되어 쓰러져도
햇살 같은 젊음이여
다시 일어나 타오르는 태양같이
뜨겁게 용솟음치는 푸른 기상으로
가치 높고 드넓은 아름다운 세상 위해
나의 소망 이룰 꿈 마음껏 펼쳐라

끝없이 펼쳐진 광활한 옥토 위에
험한 가시밭길 돌부리 차여 넘어져도
햇살 같은 젊음이여
다시 일어나 불멸의 영웅같이
푸른 창공으로 힘차게 높이 올라
희망이 샘솟는 아름다운 세상 위해
꿈을 이루는 내일 향해 끝없이 펼쳐라.

만남의 길 위에서

내가 세상 살아가는 동안
내가 아는 모든 이 만나지 못했다면
아름다운 꿈과 의미 있는 희망으로
이어지지 못했을 것이다

끝없이 나를 찾아 가는 길
멀리 보이는 희미한 이정표
예매할 수 없는 긴 여정의 기차를
하마 놓칠까 조마조마한 간이역

앞으로 멀리 가야할 만남의 길 위에서
나약하고 비겁한 경계심을 무너뜨리고
당신처럼 겸허하고 자유로운
기쁨의 선각자 되게 해준다

사람들의 서로 다른 모습들만큼이나
그 열정 흠뻑 젖은 내 가슴 가득 안고
용서와 화합 격려의 박수 보내고
끝없이 인생의 행로 헤쳐 나간다.

목운 문학의집에서

살랑 살랑 해풍 씻겨 온 초록 팬션
뜨락에 누운 단풍나무
입가에 미소 띄우며
반갑게 맞이하는 목운

고요 속 외침마냥
해무 가르는 일몰 채반에 가득 담고
줄기차게 솟구쳐 내린 가지처럼
푸른 융단 위로 선 임이여

깊어가는 여름밤
초롱한 눈망울에 음표 매달아
달빛 젖은 소나타 음률 따라
적막한 가슴 노래 부르세

쉼 없이 쏟아져 내리는 맑은 햇빛
깨지고 부서진 굴곡의 시간
접어둔 채 정겨운 곡조 읊조려
한 아름 움켜낸 목운송牧雲松이라네.

몽당연필 사랑

뭉글어 없어진 시간 속에
밀려오는 그리움 위해
매일 사랑 편지 쓰다가
제 몸 부서지는 줄 모르고
육신 닳아 없어지는 순간
그만큼 사랑은 익어가고
그 증거로 하얀 종이 위에
약속의 증표로 남겼군요

그대 위한 생각에
그때그때 메모해 놓고
행여나 그대 마음 우울해질까 봐
방긋 웃는 모습으로
저 자신을 소모시켰다만
그것이 사랑인 줄 알고
아픔 따윈 생각지도 않았지요

다 닳아 볼품없다고
버려지는 운명인데
누군가가 필요한 사람이 있다면
남은 시간 여태껏 베풀지 못한

귀중한 연정을 드리고
다시 주워 담을 훈풍 타고
죽어 썩어지는 날까지 혼신 태워
가장 지고한 사랑하고파요.

바다 저편 언덕 위에

가파른 언덕 위에 선 그대
세월의 눈동자처럼
꿈같은 구름 몇 조각
띄운 하늘을 담고
푸른 바다를 내려다보고 있다

바다가 보이는 둥지에
나를 던져놓고
푸른 마음을 담그고
드려다 본다

하늘이 허공에 있는 줄 알았더니
내 마음 속에 있고
철썩이는 파도 소리
귓전에 맴도네

텅 빈자리 여유로움도
허허로운 삶의 그림자도
한순간 물거품에 사라져
돌 틈새 해당화 꽃
나를 반겨도
마음 꽃이 되지 않는 것처럼

소금기로 절어
창파에 씻긴 바위
내게 삶의 시작과
끝의 경계를 알려준다
바다 저편 언덕 위에 서서
이제 너와 나 우리는
무소유 무일푼인 것을.

발길 닿는 대로

바람은 시도 때도 없이
불고 싶은 대로 흩어져 가고
시인은 염원 하는 바가 멀어져
상념이 깊을수록 목이 마르니

복잡한 세상 접어두고
깊은 인연도 잠시 뒤로
나그네 발길 닿는 대로
정처 없이 걷는다

그리운 사람아
바람을 매만지다 떠난 숲 속으로
나무의 의연함이 궁금하여
맵시처럼 나서게 하고

생각 떨쳐내 허울 벗겨 내려
편백나무 그늘에 영혼을 쉬게 하고
내 육신도 기대어
저만치 시간도 쉬게 하리

2013년 유월 어느 오후에….

서창西窓에 뜨는 별

꽃망울 부둥켜안고 가지 끝에 매달린
붉은 장미꽃 한 송이 환희 찬 오월
어디선가 흥겨웁게 유행가 한 소절
목이 메어 부르다 지친 작은 입술

해 질 녘 서창가 앉을 때면
품 벌리며 다가와 물큰해지는 어매 눈빛
저녁노을은 삶의 울鬱을 탄탄하게 잡아준
내 오랜 날의 배경인가 봐

화사한 꽃들이 얼굴 내민 지 수삼일
초여름 향기 뿜어내고 사라지지 않은 열정으로
톱니바퀴 걸음에 날뛰고
영롱한 새벽이슬이 그리워서

돌아보는 회한의 길 앞에
아름다운 환상의 미래 살며시 열고
가쁜 숨 내쉬며 내 달음질쳐 온 샛길 위로
서창에 한 움큼 뽐내며 뜨는 별.

섬진강 나루터에서

청솔 가지 끝에 매달린
나그네 발자국 따라
하늘의 사립문 열고
장대비 내린 강 언저리

잘록한 여인네 허리춤 같은
팔십 리 하동포구 나루터엔
이른 아침 빈 배 홀로 서서
추적추적 외롭게 비 맞이 하네

그 옛날 장꾼들 수다를 싣고
아픈 사랑 푸른 물결 속
접어둔 연인들 사연 싣고
세월의 강물을 넘나든지 어언 수백 년

무심히 지난 세월은 흔적도 없이
그리움 가득 메아리치는
사공들 부르는 푸념 어린 뱃노래
지금도 귓전을 맴돌며 울리네.

여름밤 戀書

별빛 총총
섬으로 떠 흐르던 날
그대
돌 틈에 감추어 둔
비밀한 사랑의 연서

큐피드 화살로
이제 녹슬었던 세월
멀리 날아가 달빛에 씻겨
강물로 내리고
바람에 나부낀
결 고운 가지 끝에
깃발 되어 출렁이고

나는 그저
마알간 동공
미리내에 헹궈가며
지워지지 않는
해맑은 얼굴 하나
화폭에 담고 있다.

유월의 끝자락에 서서

대지의 열기가
후끈 무르익어갈 때
장마도 무더위도
성큼 나를 감싸 안네

호국 보훈의 달
세계가 한반도에서 벌렸던 전쟁
조국 산하를 붉게 물들인
민족의 비극 동족상쟁
어느 작자가 북침이라 가르쳤나

지금도 NLL논란 민생 뒷전
정치인들 정신 차려라
도대체 알 수 없는 나라
원인이 어디에 있는 거야

생생하게 들었던 육이오 사변 피난 얘기
이제 세월에 전설이 되어 버렸어
아직도 끝나지 않은 전쟁
유월의 끝자락에 서서
되새겨보는 아픈 역사 딛고

작열하는 폭염 속에
초 · 중복을 담은 칠월
이열치열 가눌 수 없는 사랑
알알이 청포도 익어가는
칠월이 아름답게 친구 되어 다가온다.

유월이 오면

언제이었던가
시퍼렇게 날 세운 바람이
빗줄기 가늘게 찢어 놓았던 곳
어둠을 털고 일어나 아침을 여는 풀잎처럼
포연 속을 헤쳐 온 그대의 뜨거운 피가
가슴에서 가슴으로 도도히 이어집니다

역사의 굴레 굽이굽이 용솟음칠 때마다
온몸을 던진 충정은 용광로보다 더 뜨거워
애국은 입으로 하는 게 아니라는 것을
몸으로 보여주고 가신 호국 영령들이시여
뜨거운 그 충정 깊이 간직할래요
임은 가도 항상 우리 곁에 머문다오
그대 값진 목숨은 이 나라의 탄탄한 초석 되어
빛나는 업적 조국을 반석 위에 올려놓았구려

모습 보이지 않아도
목숨 다하는 날까지 함께하실 이여
조국의 부름에 다녀오마 손 흔들며
웃으며 떠나던 마지막 그 모습
살아 숨 쉬는 그날까지 함께 하리니

해마다 유월이 오면
흑백 사진 속에서 생긋이 웃고 계신 이여
산야를 덮는 흰 망초꽃 무리는 그대 넋두리
어제는 그대들의 몫이었지만
오늘 그리고 내일은
우리가 젊어져 나아가고
그대들이 닦으신 길
탄탄대로가 되도록 세계 속으로
이젠 편히 쉬소서
고이 눈을 감으소서.

지금 고향 집에는

갈바람 허리 휘어지는 나정골
동구 밖 정자 밑 주름진 구렛빛 촌로
자식 손주 주려고 숨겨둔 허리춤 쌈짓돈
억새 춤에 푸른 숨을 돌린다

초가집 돌담 울타리 안에
싸리비로 마당 쓸던 모습 보이지 않고
당신에 대한 그리움은
하늘로 달려가 노을에 젖어 든다

황금 들판의 삶의 무게 지탱한 가을 햇살
당신은 개울물에 손을 씻고
앞산 무덤 이룬 구절초 향기에
시린 눈을 헹군다

얼룩빼기 송아지 몰고 가슴팍에
구름을 몰고 다녔던 옛 벗은 간곳없고
무심한 두견새 소리에
추억 담아 하느적거린 갈대숲에 누우면.

이제 더는 가슴에 담을 수 없어
다시 볼 수 없을까 그리운 고향 친구
고향 집 팽나무에 임 그림자 싹틀까
한가위 보름달처럼 방긋이 떠오를까.

유월의 숲 속에 서서

적막한 가슴 졸이며
꽃 내음 짙어가는
유월의 숲 속에 서서
무성한 푸른 깃발 흔든다

골짝마다 메우는
새 생명의 끝없는 함성
짙은 녹음조차 부끄러운 나날
가슴 저려오는 풀잎의 노래

어쩌면 푸른 눈부심으로
파도처럼 밀려와
헐벗은 육신 씻어내는
훈훈한 성장 보태고 있다

바람결에 청청한 기억의 옷을 입고
한없는 짙은 강 되어 흐르건만
그리운 임 목소리 메아리쳐
넋마저 빼앗긴 유월의 숲 속.

지금 이 순간 여기에

새벽별이 우수수 한 움큼
내 작은 창가에 쏟아 내리면
살며시 여미는 미소 깃든 영롱한 빛
싸늘히 식어간 내 볼에
지극히 사모하는 당신은
어느새 목도리 되어 내 목을 감싼다

바람의 허리 밑에
시알이 굵어진 빗방울 소리
풀석풀석 얽힌 그림자 되어 헤쳐 흩어지면
그대는 어느새 내 머리를
쓰다듬어 따듯한 모자 씌우네

지금 이 순간 바로 여기에
호수 같은 내 눈 들여다보는 당신
빠알간 내 입술에 달콤한 입맞춤 해주는 그이
내 심장마저 핥아대며 사랑해 주는 당신
백설기 뿌린 눈길 하얀 겨울에도
거침없이 내 가슴에 꿈결 같이
마지막 꽃불로 타오르네.

집으로 가는 길

강둑 언저리 달맞이꽃
방긋 맞이하네
우두커니 밤하늘 보니
한 움큼 별님이 우수수 쏟아진다

서창 타고 드는 산들바람
자줏빛 옷자락 바투 잡고
달팽이 귀향처럼 길은 멈추고 있어
시간 동굴 속으로 저 혼자 삐걱거리고

금방 돌아가려 했듯이
약속 저버린 채 휘영청
달빛 아래 내 그림자 밟으며

연초록 마음 자락 살포시 머문
가슴팍에 박힌 녹슨 별 꺼내어
미움과 우울감을 문질러 닦아내
회상의 바다에 비춘다.

칠월의 노래

하늘이 맞닿은 산능선 아래
빼곡히 늘어선 숲 속 산새들
합창소리 맞춰 흥겨웁게
춤추는 들꽃 향연
가슴을 적시면
기슭을 따라 산 아래로
파랗게 물감 칠한다

산골 휘감은 실개천
아침부터 희뿌연 치마폭 깔아
안개 숲 속에 풀 향기
임 그리며 산 아래로 달음질치네

하얀 뜬 구름 언덕에
동양화 한 폭 그려놓고
잎사귀 누워있는 아침 이슬도
동녘에 솟은 햇살 받아 기지개 켠다

꽃잎 향기 물고
창가에 내려온 실바람 따라
그대 향내음 가득히 토해내는 칠월은
깊은 사랑을 쉼 없이 노래하고 있네.

제 3 부

가 을

晩秋의 노래

천자만강에 꽃비 뿌려 놓은 길 고운 임 손잡고
그 길 걸어가자 해놓고 끝내 밟지못하고
이제 추스를 겨를 없이
추색에 물들인 자연의 섭리에 따라
눈물을 떨구며 속절없이 가을이 저물어 간다

예쁜 맵시 뽐내던 지난날들 축복하려는 듯
붉은 깃 활짝 펴고 유혹의 몸짓
고고한 학춤 같은 낙엽의 군무群舞는 내게 있어
가눌 길 없는 명상의 나래 잠기면
눈물 되어 메마른 가슴을 적셔온다

지난봄 꽃잎의 눈부심에 질세라 그 꽃잎 흔들림보다
더욱 현란한 자태로 예찬禮讚하며
쉼 없는 기쁜 외침과 찬사를 내보낸 풍경이
서산 마루 걸터앉은 금빛 노을 바라보며
상념에 잠긴 만추의 노래가
애달픈 영혼 달래며 귓전에 맴돌아 가네.

가을에 부르는 연가戀歌

잎새 사이로 불어오는 소슬바람
옷자락 떨구며 나를 등지고 지나간다
어느 길손의 한숨을 깊이 간직한 채
개울물 안고 휘돌아 감싸온 흔적

하염없이 떠가는
구름 향해 손짓하는 하이얀 억새풀
흐르다 지친 듯
노송 가지에 몸 뉘인 허리 휜 그믐달
황금들판 날갯짓 재잘거림 참새 떼들
멋쩍게 서 있는 허수아비는
귀찮다는 듯 인상을 찡그린다

붉게 타오르던 젊음의 태양
이제 이별과 아쉬움을 고백하는
사랑하는 이를 잊으려 애쓰는
한 여인의 슬픔 달래려는 듯
서쪽 하늘 저녁노을에 물들인다

사랑하고 헤어지고 그 아픔을 간직하려
조용히 부르는 흐느낌 반주 따라
어느새 나의 노래가 되어 나의 가슴에
영원히 남아 잊혀지지 않는 명곡 되어
이 가을이 다 가기 전 영상에 담아
고이 접어 간직할래요.

가을 달밤 아래

휘영청 둥근달이 방긋 정자 위에 걸터앉고
밤벌레 울음에 가을밤은 깊어 간다
새벽 갈바람 스산함에
잠에 빠진 곤한 몸을 웅크린다

푸른 잎새는 어느새 붉고 고운 옷 입고
그대 뺨 위로 눈물은
수묵水墨으로 수놓고
만 갈래 시름을 눕혀 청운의 꿈 접어라

창호지 구멍마다 기웃거리는 어진 달빛
귀뚜라미 숨결에
주름 고운 어미 볼은
촉촉이 어루만지는 내 노래 자장가여

아랫마을 어디선가 여울져오는 퉁소 소리
흐느껴 굽이치는 오막살이 지붕 위로
살짜기 올려논 가을 달밤 아래
조롱박이 동동 여문다.

강물은 세월 따라

강둑 언저리 모질게 핀 들국화
인연의 끈 이어진 생명의 불꽃
유유히 천삼백 리 온 고을 갈증 풀고

굽이굽이 웃음 지으며 그리운 얼굴 찾는
가늠할 수 없는 빛줄기 타고
노래 띄우면 연인들의 한이 어려

갓 시집온 새악시마냥 볼우물 지우며
파르르 떨구어 온 눈웃음
이끼 푸른 바위 풀섶 친숙하게 볼 비비며

안개 낀 유역을 넘보지 않게
강물은 한시도 지친 기색 없이
초롱초롱 눈뜨며 흘러가누나.

고향의 동산에서

긴 너울 바람 타고 갈망에 목메어
먼 길로 달려온 지금 이제야
찾아온 고향의 동산

반백이 훌쩍 넘어 지친 육신
안주할 곳 옛 동산 올라
풀숲에 팔베개 하고 누우면
하늘 가득 어울리는 흰 구름 머물고
영글어 푸르른 열매들도

옹기종기 모여들어 청운의 꿈 키우네
초가지붕 굴뚝에선 모락거리며
피어오른 환희가 있고 느티나무 가지마다
애절한 사랑의 눈물이 걸려있다네

지금도 내 고향 동산 그곳엔
사계의 숨결 속 이슬 머금어
촉촉한 속삭임이 있고
논두렁 사잇길 애지중지 만든 연 날리며
각시 된 소꿉친구 치맛자락 바람에 날리우면
지난 추억 새롭게 아로새기며 간다.

* 민속고유 설날을 맞이하며.

구월의 향연

세월 한 자락 잡고 온 구월
그토록 화려했던 햇살
오는 계절 무너져

코스모스 흐느적거림에
언덕 위로 이는 갈바람
오선지에 음악 그리는 듯

스쳐 지나가는데
풀벌레 울음소리
휘휘 갈대 장단을 치고

고향집 애달픈 향수
들판의 오곡은 이웃과 이웃 사이
고개를 맞대어 본다

알알이 맺힌 포도 송이
작은 소망도 익어가고
토담길에서
가끔 남몰래 꺼내보면

붉어지는 꿈의 대화
서럽게 바스러져 볼 수 없어도
구월의 향연은 그렇게 흘러가네.

국화차 그리고 계곡으로

새하얀 구름 타고 산허리 돌아
파랑새 지저귐을 감싸 안고
산봉우리 살짝 올려 앉는다

계곡 타고 흐르는
맑은 물에 내 마음 띄우고
그리움 올올이 풀어내더니
작열하는 뜨거운 태양
초록빛 산자락 그 모습 감추어라

아스라이 울리는 너의 소리
은은히 코끝에 스미는 香
마음으로 느끼는 온유한 감미로움
사랑한다 고백하는
임의 속삭임인가
순백한 국화 향을 가슴으로 마신다.

금정산 정상에서

천차만별 고운 자태 머문 이곳
창밖 풀어놓은 멀미의 시간
붉게 타버린 잎새 위 구르며
비옥한 골짜기 가른 산자락 따라

노란 은빛 고개 수그리며
오색 구름 타고 내려와 금샘 안기네
턱을 괴고 긴 상념에 잠기면
푸른 하늘 수놓은 오선지 입자

갈바람에 토해낸 안면 위로
움츠려진 그리움 조각들
찬 이슬 빗방울 씻긴
하늘나리 꽃망울 어우러져

온갖 업 겁 씻겨낸 금정산아
세월잔상 짊어지고 굽이쳐
정지된 순간을 아름답게 비쳐
천만년 간직한 너의 기풍이여.

달빛 젖은 호숫가

공허한 눈물 맺힌 달빛 타고
은하수 곱게 쏟아지는 오솔길
소슬바람 나부낀 호숫가 벤치 앉아
사색에 내몰린 보조개 지우며
그리움 젖은 그대 까만 눈동자여

실개천 위로 하늘하늘
춤추는 코스모스
하늘에 솜털구름 달아주고
지난여름 잎새 상념 덧칠한 구절초
나뭇잎 내려앉은 청아한 이슬 머금네

그대 눈물마저 삼켜 운 실바람
토실토실 움켜쥔 손 펼쳐
긴 너울 바라보며 꿈 키워 온 세월
따갑게 내리쬐는 가을 햇볕 속에
한 아름 영글어 가는 알알이여.

당신께 드리는 아름다운 가을 편지

시간이 가랑잎에 묻어와
조석으로 여물어 갈 때
개울물에 씻어진 조각돌
만지작거린 손끝에
가을 소리 흘러내린다

들릴 듯 말 듯
낯익은 풀벌레 소리
그대에게 쓰다가 지우고
다시 써내려간 편지
조각배에 실어 띄웁니다

오솔길 따라
호젓한 벤치에 앉아
하루가 달 속에서 등불 켜면
그리움 삼킨 한 폭의 수채화는
숱한 나날 붉게 물들인다

아 가을이여
낙엽 쏟아지고 철새 떠나면
허전한 고독감
가득한 계절일지라도
당신께 아름다운 소망 전해올립니다.

산굼부리 연가戀歌

가을 향 가득 채운 솜털 구름타고
산굼부리 억새밭 사잇길 걷노라면
은빛 물결 출렁이는 골 깊은 언덕

가슴앓이로 삶을 반추해 보이는
억새꽃 만발하면 내 머리칼도
반백 되어 은빛 휘날리며 서걱거린다

눈부신 가을 햇살 오븐에다
금세 살짝 구운 제주갈치
사르르 녹여 고운 입술 적신다

가을 밤 바다 위로 쏟아 부은
달빛 별빛 한곳으로 모아
너로 인해 즐거웠던 이 시간 위해

가슴으로 표출해 되새김 되어
웅지의 나래 활짝 펴고
내생의 희로애락 즐겨 볼거나.

삼성궁 가는 길

배달민족의 혼이 어린 삼성궁
고대 조선 문화로 회귀에 동참하려고
산길 따라 양편에 돌담 쌓아
십이지문 지나 석문 돌아서니 궁이 반기네

청학폭포 바위 틈새 가을 영상 펼쳐져
저만치 달아나는 잎새 뒷모습만 남기고
세상 아궁이에 붉은 단풍 타는 냄새는
한풀이 하듯 속웃음 내미는 길손

살며시 내린 낙엽 바라보며
울긋불긋 옷맵시 차린 고백 되어
화려한 시절 영상처럼 떠올리며 넋이 되어
풍요로움 삼킨 이 가을날에

영원한 겨레의 빛줄기 되어
결코 넘침이 없는 기쁨으로
삼성궁 가는 길 추억 새기며
가슴속 깊이 한 아름 안고 가네.

상사화相思花 필 무렵

숨 막히게 저려온 아픔 되어
선홍빛 相思花 한 송이 되어
밤이면 꽃 피우고
해 뜨면 그리움 덮어
오가는 이 발길 멈추게 하더니

칠흑 같은 어둠 속
핏빛 처연함을 알 수 없어
실핏줄이 불거지는
설움을 못 본 체
그저 갈무리된 사랑

가을 햇살 이슬 맺힌 찬연한 아침
철 지난 꽃으로
잊힌 그리움으로
발밑에 떨어져
서럽도록 붉은 옷 벗는 날

전설 같은 밀어로 맺힌
숱한 나날들
상사화 피고 지듯
오고 가리라
잊혔던 사랑 다시 오리라.

술패랭이꽃 사랑

술 취해 방황하는 거리에서
눈물 뿌리며 쳐다보면
드맑은 하늘
총총한 별빛
언제나 저만큼에서
나를 향해 웃어 주는데

왜 자꾸 갈래갈래 꽃 이파리 찢어질까
한여름 뙤약볕 화살
맨몸으로 받아낸 적
어제 오늘 어디 한 번이었던가

가슴 설레며 춤판 벌린 젊은 날
분홍빛 꿈나라
활짝 펼치지 못했어도
한때나마 신명나게 놀면
그 추억만으로도 넉넉한 행복인데

이별의 벼랑 끝에서
다시 알몸으로 떨어진다 해도
얼굴 가릴 수 있는
누더기 모자 하나 있으면 돼
이젠 바람에 걸어두어야지.

소수서원 가을 길

구불구불 똬리*처럼 휘휘 감은 죽령 길
선비 고을 소수서원 가을 길에
낭랑히 울려 퍼진 고운 옛 임 목소리
파르르 떨리는 문풍지
사이로 스며든 샛바람

절묘한 가람 배경은
아름드리 빛은 여인 댕기머리인 양
불붙은 능금은
인연의 끈을 동여 메고
유혹의 손길 머무는 그대 몸짓

아 임은 가고 없는 거리 가득 채운 이 가을
검푸른 잎새 앉은 귀뚜라미 귀뚤귀뚤
어느 길손 귓전을 적시고
빼꼼이 장자문 열면
행여나 그리운 임 아니신지

유유히 젖어든 옛집 뒤뜰엔
붉은 사랑 펼치며 흥겹게
나풀대는 고추잠자리

내 영혼마저 살찌우며
가을을 앓는 긴 아픔은
푸르름 채색 빛은 별조차 여물어 가누나

* 똬리: 짐을 일 때 머리 위에 짐을 이는 고리모양의 물건.

시와 별이 어울린 영월 가을 기행

쪽빛 하늘 살며시 앉은
내리 계곡 씻겨진 눈물
노루목 골짜기 따라 난고* 향기 가득하고
삿갓 속 온갖 풍자 해학의 삶 가슴 울리네

산들바람 타고 가지런히
뽐내는 구절초 향기는
어리연 푸른 물에 은빛 햇살 감추면
영담 시비는 작동리 마을 감싸 안아

고운 맵시 품어낸
색동치마처럼
단풍잎 사이 유유히 흐르는 동강 변
깎아지른 층암절벽 신선이 노닐던 곳

별빛 머무는 너울 타고
영월 산하 쏟뜨리면
고운 칠색 무지개 피운 이곳
너를 안고 천만년 살고지고.

* 조선 시대 방랑 시인(1807~1863) 김병연의 자.

언덕 위에 찻집

바람결에 나부낀 작은 소망 일구어온 세월
내 곁을 떠난 이 불멸의 순간 머무는
바다 내려 보이는 언덕 위에 찻집에서

긴 장마 끝에 기도 깃발 울고
주머니 속에 만지작거린 불꽃의 삯들
구름을 우려낸 차 한 잔 건네받으며

별똥별 빗금보다 빛나는 깨달음 알고
가끔은 황혼과 바람뿐인 동산에서
봉인된 가슴속에 옛사랑 거둔
어느 외딴 언덕 위에 찻집에서.

이 가을날에

황금 깃발 출렁이는
쪽빛 하늘 맞닿은 지평선
차마 눈이 부셔 바라볼 수 없어
일렁이는 가슴 잠재우고

차오르는 보름달처럼 환한 얼굴
어젯밤 선잠 설쳐 깨어난
새벽별 아래 유난히 당신의
넓은 가슴 그리워집니다

누군가가 막연히 그리워져
눈물 날 것 같은 날
오래전에 떠나간
그리운 사람아

의지할 때 없는 외로움이
속속들이 방황하는 가을날
새초롬히 깔리는 고독이
똬리 풀고 있나 봅니다.

이 가을 다 가기 전에

곱게 빚은 찻잔에 당신을 담아
가방 속에 우리 둘만의 사랑 가득 채우고
서늘한 바람 타고
달빛에 미끄러지는 밤
뽀스락 뽀스락
낙엽 뒹구는 소리에
마음은 창밖을 향해 서성거린다

이 가을 다 가기 전에
가을 정취 물씬 풍기는 통나무집에서
당신과 마주 앉아
찻잔에 가득 담긴 가을 사랑 마시며
무한한 사색에 잠긴 가을 이야기를
도란도란 나누고 싶은데
약속하기만 한 무심한 당신

낙엽 쌓여가는 그리움은
온몸을 감싸 도는 여명 트는 샛별처럼
가을의 애잔함이 멀어져 가기 전
미리내 교각 틈새 숨겨진 가슴 떨쳐나와
이 가을 다 가기 전에
나 당신과 여행 떠나고 싶다.

청풍호반 가을 강 따라

쪽빛 강 물결 기암 구담봉 병풍 되어
휘감아 돌아온 드넓은 가을 어느 날
청풍호반 뱃길 위에서

그 옛날 퇴계마저 울린
기생 앙가슴 묻혀 사랑 놀음 부여잡고
돛단배 타고 술 취한 강태공 세월 낚아

용솟음치며 호반 위 가로지른 수경분수
어디선가 갈바람 타고 꾀꼬리 울음소리
나그네 애간장 다 녹여

곱디고운 그대 향기 취해
물안개 비친 이파리들 기립박수 보내며
자지러지듯 한 폭 풍경화 자아낸 이곳

그대와 나 세상만사 접어둔 채
뭉개 흰 구름 벗 삼아
만년 청춘 되어 원 없이 살고 지고.

추사 유배지에서

에메랄드 뿌려놓은 쪽빛 바다 위로
끝없이 펼쳐진 수평선 가로질러
단숨에 내달려 온길

돌담 위로 여인네 댕기머리인 양
초가 지붕밑 모거리* 안치된 몸
阮堂 님의 향기 어린 추사관에서

탐라의 속살 빚은 한 폭의 歲寒圖는
살아 숨 쉬는 푸른 생명의 자양분을
완연하게 건져 올린 세습도

가을 햇살에 달궈진 잎새 사이로
안온한 적막 흐트러지지만
영원을 간직한 추사의 혼이여.

* 모거리: 제주도 방언 초가집 별체　阮堂: 김정희 아호.

피아골의 하루

국화향 그윽한 들판 가로질러
달음질쳐 달려온 산촌 뜨락
갈바람에 지는 붉은 잎새 싣고
황금빛 노을 어둑살지는 초저녁

서쪽 끝자락 샛별 빛나는 가을밤
삶의 무게 지탱해온 주름진 이마에
훈장처럼 새긴 파심破心 퇴임 기념
늦게나마 축하하는 시우 오두막 가족

맑고 시린 개울물에 씻겨진
기름진 옥토 위 자라난 덤으로 넉넉히
토종닭 건네주시며 웃음 지우신 산장 주인
참으로 아름다운 산골 인심이구려

어디선가 들려오는 풀벌레 울음소리
토담집 아궁이 장작불에 구들장 데워
깊어만 가는 피아골의 하루 가을밤은
별빛 속으로 아름답게 여울져 간다.

하회탈춤 사랑

그대는 아시는가
천년을 울리는 민초들 한 어린
하회 별신굿 탈춤
어차피 인생은 가면무대

더덩실 어깨춤 따라 창가 한 소절
내 품 벌리며 다가와 서로 줍는 눈빛
가을 맞은 가지마다
삶의 울鬱을 탄탄하게 잡고

고택 난간 묻혀 나온 향기는
사라지지 않은 열정으로
뒤뚱거리며 걸음 재촉이면
그 오랜 날의 묻혀둔 배경인가

길이 남은 하회 마을 탈춤은
아름다운 환상의 미래 개척하고
긴 한숨 내쉬며 내달려 온 길
별빛 뿌리는 부용대 낙조 이런가.

호은종택壺隱宗宅에 서서

코끝이 찡하게 국향 짙은 늦가을 날
영양 주실 마을 풍광 어우러져
삼불차三不借란 조상 얼이 흠뻑 담긴 한옥
그 누가 탓하랴 자연이 빚은 그림 같은 집

서둘러 재촉하는 발걸음 멈춰진 공간
적요감이 뜨락 위에 졸고
곱디고운 맵시로 섬섬옥수 빼어난 손길
그대만이 간직한 언어 술사

싱그런 바람 타고
금빛 너울 같은 세월 뒤안길 접고
그림자 드리워진 명경 같은 지나온 나날
찾아올 날 기약하며 영원하라 호은종택이여.

제 4 부

겨 울

忍冬草의 꿈

이제 정녕 우리 곁에 떠나가시는구려
평생 민주주의 위해 온몸 던져
불살랐던 숱한 나날들

임 가신 걸음 자국 아로새겨
역사의 뒤안길 보내며
용서와 화합이란 두 글자 남기고 가시구려

아직 두 동간 난 민족의 아픔
하나로 한 핏줄로 이어지는 날까지
거듭 태어나는 인동초의 꿈 현실이 되는 날까지

대한의 모든 이 한마음으로 뭉쳐
목숨이 다하는 날까지 영원한 불꽃 되어
선진조국 초석 되는 밑거름이 되어보세.

雪花에 핀 봄

문풍지 사이로 삭풍 내려친
앞마당에 싸락눈이 뿌리고 있다
가파른 꽃대 끝에 앉아 우는 아이
빈 가지 휘어잡고 내동댕이친 멋들어진 춤

가쁜 숨 몰아쉬는
눈보라에 저물면
소망은 빛바랜 낮달
저마다 칼날 세운 빙하의 땅

잔뜩 웅크린 어깨 위로
가지 끝에 머물면
새순 돋아난 백설기 베어 문 자리
고운 임 향기 어린 설화만이 간직한 봄
수줍은 새색시마냥 오는가보다.

겨울 나는 새

잔설 가지 날개 밑으로
밀려오는 얼음구름
빙점세월이 맑게 흐르는 곳
처녀 앙가슴 실어가면서
겨울새는 빛 한쪽만 뚫고 한없이 날아간다

실핏줄마저 얼어버린 빙판길 위
가슴 저려오는 사랑 앞에 두려움 없이
힘찬 날갯짓하고
세월의 편린 되새김질하며
가파른 상승곡선 그어간다

푸른 하늘길 따라
예쁜 꽃수레 타고 은하강 너머
너의 고운 붉은 입술 살며시 포개며
화신처럼 얼싸안고
벌겋게 달아오른 열정의 노래 부르며
겨울 나는 새는 새날 그리며
쉼 없이 날아가네.

나목裸木의 미소

초록 잎새 푸른 향연은
앙상한 고목 잎에 허허로움 안고
벌거숭이로 드러난 傷痕
모질어지는 겨울나목은
새순이 오는 봄 기다리네

시간의 미궁 속 허우적거리다
오늘도 미소 짓는 모습 자아내고
숨가쁜 갈등 표현하기에는
아직은 이른 아침인가 보다

운무의 춤사위가 너울대는 능선은
벌거숭이 몰골을 자랑스레 내 품고
눈웃음 머무는 골짜기 따라
지난 푸른 아름다운 추억이
파노라마처럼 스치고

나목의 미소 깊은 그리움은 나비가 되어
비상을 위한 숨은 인내 그리면서
떨어진 잎사귀로 재회의 거름 만들고
새봄 맞는 새악시마냥 부활의 희망 안고
동토 녹아내려 짙푸른 봄맞이 한다.

눈 내리는 겨울 얘기

서쪽 하늘 끝자락에 먹장구름 몰려와
잿빛 어둠 깔리더니 백설기 뿌려
온통 순백한 하얀 세상 되어
내 마음을 흔들어 놓았구나

도심 한구석 빛바랜 맨홀 위로
열악한 감성으로 반겨
화려했던 지난가을 어디 가고 없고
이유 없이 반항하는 눈빛

숱한 많은 아픔과 그리움 가득
잔잔한 수면 위로 노니는 겨울 철새들
앙상한 가지에 매달린 설화 보니
새봄이 멀지 않은가 보구나.

다시 여기에

긴 너울 바람 타고 호젓한 산길 굽이돌아
결코 넘침이 없는 기쁨으로
기다림 속에 지난날 기억
되새겨 보는 고운 임이시여

젊은 날 유혈의 진실을 담고
가슴으로 써내려 가며
서로 눈빛 주워 담고 이 순간 위해
우린 다시 여기에 모였구나

앞뜰 만국晩菊 한 송이
물오리처럼 목이 시린 조락의 뜰에서
각기 주어진 삶을 영위하고 만남은
아마 우연이 아닌 필연인지 몰라

쪽빛 물결 속 빛난 보석처럼
풍요로운 이름 빚은 노래 불러
영원하자 언약 가슴깊이 간직한 채
꿈 나래 마음껏 펼쳐 보세나.

발길 닿는 대로

바람은 시도 때도 없이
불고 싶은 대로 흩어져 가고
시인은 염원 하는 바가 멀어져
상념이 깊을수록 목이 마르니

복잡한 세상 접어두고
깊은 인연도 잠시 뒤로
나그네 발길 닿는 대로
정처 없이 걷는다

그리운 사람아
바람을 매만지다 떠난 숲 속으로
나무의 의연함이 궁금하여
맵시처럼 나서게 하고

생각 떨쳐내 허울 벗겨 내려
편백나무 그늘에 영혼을 쉬게 하고
내 육신도 기대어
저만치 시간도 쉬게 하리

2013년 유월 어느 오후에….

복수초에 얽힌 애기

새하얀 백설기 같은 눈 위에
노란 기침 울컥 토하면서
저리도록 아파하는 너는
축원처럼 선명한
등불 하나 매달아 놓고
서로가 미움 보다는
화해와 용서를 바람이겠지

생명이 있기에
되감기는 인연의 끈
벼랑 끝에 매달린 아픔 있기에
이 지독한 미움을 깨는
사랑을 감싸 안은 너

그리다가 지우고
다시 지우는 공간이
투명함 더욱 빛나
다소곳이 한 켠 꽃 피우면
그리움이 화사하게 꽃 피우면
이 세상 어디에도
견줄 수 없는 너
순백한 아름다움 더욱 빛나네.

아름다운 졸업장

암울했던 일제 강점기
근로정신대 끌려가 강제노역 당했던
민족의 아픈 역사를
온몸으로 체험한 팔순 할머니

불투명한 편견 오인에 휩쓸려온 세월
늦깎이 향학열 불태워
측량할 수 없는 기쁨 만끽
황혼길 눈부신 인생꽃 피워

화순 능주 초등교 100회 졸업식에
칠십 년 만에 졸업장 받아들고
세상 어느 것도 바꿀 수 없는
형용할 길 없는 나래 펼쳐

생의 마침표 흔적을 남기기 위해
숱한 인고의 세월 안고
간절히 고대했던 꿈 일궈내
뜨겁게 기립박수 보냅니다.

옛 고향 설날

어린 시절 잠 설치며 부스스 깨어나
고운 설빔 차려입고
조상께 연시제 지낸 후
웃어른에게 세배하고

온 가족 둘러앉아 떡국 끓여먹으면서
할아버지께서 덕담 나누며
하하 호호 온 방 안이 웃음 가득
반백 년 지나도 그리운 옛 고향

겨울 들판 논두렁 사잇길에
손발 어는 줄 모르고 성명설상* 쓴
연 날리며 한 해 액땜 다 없애고
여인네는 비단한복 차림 엉덩이까지

길게 내린 치러렁 댕기머리하고
널뛰기하는 때가 엊그제 같으련만
그 옛날 고향 설날 마냥 그리워

* 성명설상星命設上 : 정월초하루날 厄年에 당하는 이는 양법禳法으로 재운을 만들어 그 속에 약간의 돈과 함께 액년을 당하는 이의 성명, 생년월시 적어 띄운 歲時風俗.

정초正初의 노래

세월의 무게 힘겹게
매달린 등짝 밴 땀 말리고
이 시대 일구어 가며
홀로 품어 되돌아보는 길

미래 향한 주춧돌 빼곡히 채워진
그 육성 되새김 나만 품어
마음 한 켠에 젖어오는 사연
내 목젖까지 차올라

자아도 찾기 힘든데
눈에 담아 넘치는 샛별
마르지 않는 샘물에
깊숙이 박힌 화살촉

타오르는 붉은 가슴 안고
지나온 발자국 따라
하얀 오선지 위에 그려
한 시대 노래 다듬어 보네.

은반 위의 신드롬

푸른 한 촉도 내밀지 못한
냉혹한 겨울 잔상
결빙의 빙판 위에서
아름다운 미소, 끓어오르는 열정
국가 브랜드 가치 한층 끌어올린 너
길 모서리에 내던지고 깨뜨려
그대 곱게 빚어낸 혼불은
황홀하고 고고한 학춤이어라

좌절은 꽃이 되지 않고
외발의 깊이로 비상하는 날개
가파른 유영 벗어 내리고
사뿐히 나는 나비가 되어
칼날이 속도를 늦출 때 마다
긴장된 시간들이 흐르고
천상에서 날아든 천사 같은
감미로운 음색에 미끄러져
고운 맵시 내뿜고 돌아
그들만의 무지개가 뜰 때까지

꽃다운 감성 향기를 담아
비로소 극치의 중심에 서서
깃털처럼 자유로울 너
갈채와 환희로 일어서는
먼 우주의 객석을 향해
끊임없는 신드롬 되어
승리의 울음으로 피어나리.

하얀 그리움

천상에서 내려온 하얀 그리움
결실을 다한 꽃잎의 미소도
칼바람 불어 흔들어 밀어내고
내 마음에 내리더니
어느덧 겨울 한복판에 서서
청아한 너의 눈동자처럼
순백한 고귀한 사랑이여

어둠이 짙어지는 밤
차가운 달빛과
영롱한 별빛을 머리에 이고
나를 부르는 그대여
하얀 그리움이 깃발처럼
임의 치맛자락 날리던 밤
애틋한 사랑의 기도가
어둠의 창을 밀어내고 있네

그대는 아는가
얼어붙은 차가운 동토 위로
몸 가린 수줍음의 내 영혼을
고독감 떨쳐버린 하얀 물결 위로
사랑의 울안에 갇혀버린
영원이란 하얀 그리움이여

새벽으로 가는 밤
후미진 골목 그대 그림자
별만 바라보는 하얀 그리움
창을 열고 나가야겠네
미명이 오기 전
손잡아 주어야겠네.

작품해설

여유의 시공간에 세상을 사는 시인의 시학

여유의 시공간에 세상을 사는 시인의 시학

정영자 (문학평론가. 부산문인협회 명예회장)

시인은 말을 통하여 자신을 표현하고 세상의 많은 사람들과 소통한다. 그러나 문자로 표현하여 독자의 정감과 역사를 관통하는 공감의 폭을 가져야 한다. 생존의 절대절명을 문자로만 의탁할 수는 없지만 시인의 위대한 작업은 문자의 세계를 놓지않고 문자의 어울림과 시적 장치를 통하여 보다 더 나은 공감을 확산시키는데 기여한다.

돌탑은 한 순간에 생겨나는 것이 아니다. 꾸준히 산을 오르는 많은 사람들의 정성과 기원 속에 시간을 가지고 탑이 되는 것이다.

라영훈 시인은 경북 고령출신으로 2007년 격월간지《좋은문학》5-6월호로 문단에 데뷔하여 그 동안 시집《아름다운 동행》(2003),《그리움이 강물되어》(2008),《해후의 바다》(2009), 그리고 이 번에 4권째 시집《바로 이 순간에서 영원까지》를 출간한다. 문단 데뷔 7년만에 시집 4권의 발간은 그가 얼마나 시에 대한 몰입이 있었는가를 가늠할 수 있을 것이다.

고향에서 부산으로 이주하여 가야고등학교를 졸업하고 1980년에 경찰에 투신하여 2010년에 퇴직한 30년의 경찰공무원생활에서 얻은 투철한 지역사랑과 사람에 대한 사랑은 시인의 시에 그대로 나타나 있다.

네권째 시집에서 읽을 수 있는 것은 여유있는 시간과 공간에서 세상을 바라보는 시인의 따뜻한 그리움이다. 여행을 통한 한국의 문화유산과 자연에 대한 친근과 자세히 바라본 시인의 역사와 세상, 자연은 시가 되고 노래가 되고 있다. 아직도 다듬어지지 않고 압축되지 않은 투박한 시의 흐름은 시인의 개성이 되었다.

그대는 아시는가
천년을 울리는 민초들 한 어린
하회 별신굿 탈춤
어차피 인생은 가면무대

더덩실 어깨 춤 따라 창가 한 소절
내 품 벌리며 다가와 서로줍는 눈빛
가을 맞은 가지마다
삶의 울鬱을 탄탄하게 잡고

고택 난간 묻혀나온 향기는
사라지지 않은 열정으로
뒤뚱거리며 걸음 재촉이면
그 오랜 날의 묻혀둔 배경인가

길이 남은 하회 마을 탈춤은
아름다운 환상의 미래 개척하고
긴 한숨 내쉬며 내달려 온 길
별빛 뿌리는 부용대 낙조 이런가

–〈하회 탈춤 사랑〉 전문

전통문화 속에 성찰의 깊이를 보여주는 이 시는 민초의 한이 하회 별신굿 탈춤으로 변형되고 '더덩실 어깨 춤 따라 창가 한 소절'로 이어주는 민중적 놀이 형태의 아픔을 풀어가며 민중치유의 한 형태로 노래된다. 대중이 어울리며 노는 장면을 '서로 줍는 눈빛'으로 표현하여 몸 동작의 역동적인 것에서 눈빛을 줍는 서로의 신뢰와 확신, 가을나무의 결실을 표현한 풍요로움과도 연결하고 있다. 이와같은 마당놀이는 춤동작으로만 보지않고 "고택 난간 묻혀 나온 향기"의 열정과 "아름다운 환상의 미래개척"으로 우리 것에 대한 사랑과 관심으로 형상화되고 있다. 특히 하회탈춤이라는 하회마을의 공간을 넘어 부용대에 올라 낙조까지 표현한 시적 공간의 확대는 주목할 만하다.

대체로 하회마을 관광은 마을 구경으로만 끝날 수 있지만 전체적인 하회마을의 조망은 낮은 산의 부용대에 올라 강물과 백사장, 마을을 바라보며 원으로 둘러가는 전체적인 디자인 속에 그림같은 마을선을 만나야 한다. 이와 같은 시인의 시선과 공간 이동은 탈춤의 역동성을 더욱 공고하게 하는 객관화를 부여하고 있다.

문풍지 사이로 삭풍 내려친
앞마당에 싸락눈이 뿌리고있다
가파른 꽃대 끝에 앉아우는 아이
빈 가지 휘여잡고 내동댕이친 멋들어진 춤

가쁜 숨 몰아쉬는
눈보라에 저물면
소망은 빛바랜 낮달
저마다 칼날 세운 빙하의 땅

잔뜩 움크린 어깨 위로
가지 끝에 머물면
새순 돋아난 백설기 베어문 자리
고운 임 향기 어린 설화만이 간직한 봄
수줍은 새악시 모양 오는가보다

–〈雪花에 핀 봄〉 전문

라영훈 시인의 시에는 유난히 겨울시가 많다. 춥고 어두운 시대와 차가운 현실을 상징적으로 나타내고 싶었던 시인의 마음도 작용했으리라 보는데 특히 이 시는 이색적이다. 눈이 내리는 풍경을 "앞마당에 싸락눈이 뿌리고 있다"는 표현으로 "가파른 꽃대 끝에 앉아 우는 아이/ 빈 가지 휘여 잡고 내동댕이친 멋들어진 춤"으로 비유하고 있다. 잎과 꽃이 다 진 꽃대 끝에 앉아 우는 아이의 빈 가지 잡고 추는 춤은 순수하다. 특히 먹거리인 “백설기 베어문 자리”의 새순같이 돋는 새순을 보는 예리한 관찰력과 그 표현은 정확하고도 맛스럽다. 시어는 식상한 고만고만한 상식을 뛰어 넘어야 하고 조용히 그러나 잔잔한 감동이 함께 해야 한다.

새하얀 백설기 같은 눈위에
노란 기침 울컥 토하면서
저리도록 아파하는 너는
축원처럼 선명한
등불 하나 매달아 놓고
서로가 미움 보다는
화해와 용서를 바람이겠지

생명이 있기에
되감기는 인연의 끈
벼랑 끝에 메달린 아픔 있기에
이 지독한 미움을 깨는
사랑을 감싸안은 너

그리다가 지우고
다시 지우는 공간이
투명함 더욱 빛나
다소곳이 한켠에 꽃 피우면
그리움이 화사하게 꽃 피우면
이 세상 어디에도

견줄수 없는 너
순백한 아름다움 더욱 빛나네

–〈복수초에 얽힌 얘기〉 전문

눈속에 핀 복수초를 "새하얀 백설기같은 눈 위에/노란 기침 울컥 토하면서 "아파하는 사람의 이야기로 스토리텔링하고 있다. '등불 하나 매달아 놓고' 축원하는 화해와 용서의 장으로 풀어 "생명이 있기에/되감기는 인연의 끈"을 '벼랑끝에 매달린 아픔'으로 인식하고 미움을 깨는 것은 오로지 사랑을 감싸 안는 것이라는 순백한 찬가형식의 시로 표현된다. 미움을 지우고 화사한 꽃을 피우는 순백한 아름다움은 세상과 사람을 읽어가는 여유있는 따뜻함이요 그 여유 속에 이와 같은 시가 탄생되어질 수 있는 것이다.

세월의 무게 힘겹게
매달린 등짝 밴 땀 말리고
이 시대 일궈어 가며
홀로 품어 되돌아 보는 길

미래 향한 주춧돌 빼곡히 채워진
그 육성 되새김 나만 품어
마음 한 켠에 젖어오는 사연
내 목젖까지 차올라

자아도 찾기 힘든데
눈에 담아 넘치는 샛별
마르지 않는 샘물에
깊숙히 박힌 화살촉

타오로는 붉은 가슴 안고
지나온 발자욱 따라
하얀 오선지 위에 그려
한 시대 노래 다듬어 보네

–〈정초(正初)의 노래〉 전문

위의 시도 힘겹게 살아가는 서민들의 땀과 눈물을 노래하지만 긍정적인 희망의 화살촉으로 목젖까지 차오르는 슬픔을 우회적으로 표현하고 있다. 샘물과 화살촉, 하얀 오선지에 그리는 희망의 노래야말로 시인이 가지는 세상과 삶에 대한 따뜻함이요 새로운 삶에 대한 끈을 놓지 않는 여유 있는 시선이 있기 때문이다. 이와 같은 다양한 비유는 시인이 하고자 하는 의미를 더욱 강조하기 위한 하나의 장치이기에 압축되지 못한 투박한 현장을 생생하게 시적 형상화로 만들어 간 것이다.

〈겨울 나는 새〉, 〈나목의 미소〉, 〈눈 내리는 겨울 얘기〉 등 겨울 이미지에 치중하고 있지만 그의 발걸음은 〈추사 유배지에서〉, 〈호은 종택에 서서〉등 우리의 문화유산에 남다른 애정을 가지고 있다. 외롭고 아프게 살아온 우리들은 시간에 바쁘고 공간에 막힌 시대를 살아왔다. 때문에 우리들의 시선은

냉소적이고 혼자 갇히고 마는 소외 속에 자신을 혹사시키기도 하였다. 그리고 그 어둠과 절망을 문자의 폭력으로 쏟아놓고 치유 아닌 치유로 내달아 가기도 했다. 그러나 라영훈 시인은 시대를 읽고 체험하고 혼자라는 공간에 절망하면서도 사랑과 소망과 시의 열망을 놓치지 않고 시적으로 형상화하는 외로운 시창작의 길에 오르고 있다.

바로 이 순간에서 영원까지

라 영 훈 詩人 제4시집

초판인쇄 | 2014년 11월 08일
초판발행 | 2014년 11월 12일

지 은 이 | 라 영 훈
펴 낸 이 | 최 경 식
펴 낸 곳 | 도서출판 청옥문학사
기 획 처 | 문화마을

등록번호 제10-11-05호
사 무 실 | 부산시 동래구 명륜로 203-6 (금강빌딩 B2층)
전 화 | 051-517-6068
E-mail | kyu500@hanmail.net

ISBN 978-89-97805-25-9
값 | 10,000원